BEI GRIN MACHT SICH IHR WISSEN BEZAHLT

- Wir veröffentlichen Ihre Hausarbeit,
  Bachelor- und Masterarbeit

- Ihr eigenes eBook und Buch -
  weltweit in allen wichtigen Shops

- Verdienen Sie an jedem Verkauf

Jetzt bei www.GRIN.com hochladen
und kostenlos publizieren

Susan Eisenschmidt

Die DDR in Eugen Ruges Roman "In Zeiten des abnehmenden Lichts"

GRIN Verlag

Bibliografische Information der Deutschen Nationalbibliothek:

Die Deutsche Bibliothek verzeichnet diese Publikation in der Deutschen National-
bibliografie; detaillierte bibliografische Daten sind im Internet über http://dnb.d-
nb.de/ abrufbar.

Impressum:

Copyright © 2012 GRIN Verlag, Open Publishing GmbH
Druck und Bindung: Books on Demand GmbH, Norderstedt Germany
ISBN: 978-3-656-38623-0

Dieses Buch bei GRIN:

http://www.grin.com/de/e-book/210937/die-ddr-in-eugen-ruges-roman-in-zeiten-
des-abnehmenden-lichts

GRIN - Your knowledge has value

Der GRIN Verlag publiziert seit 1998 wissenschaftliche Arbeiten von Studenten, Hochschullehrern und anderen Akademikern als eBook und gedrucktes Buch. Die Verlagswebsite www.grin.com ist die ideale Plattform zur Veröffentlichung von Hausarbeiten, Abschlussarbeiten, wissenschaftlichen Aufsätzen, Dissertationen und Fachbüchern.

Besuchen Sie uns im Internet:

http://www.grin.com/

http://www.facebook.com/grincom

http://www.twitter.com/grin_com

Die DDR in Eugen Ruges Roman „In Zeiten des abnehmenden Lichts"

Inhalt

Vorwort

Die Bewohner der ehemaligen DDR sind heute oft geteilter Meinung über die damaligen Verhältnisse. Einige bagatellisieren den Einfluss der Partei auf den Alltag, beispielsweise in Form der Überwachung durch die Staatssicherheit, und die fragwürdige Demokratie regelrecht, während andere die Verhältnisse dämonisieren. Das liegt wohl vor allem an den individuellen Erinnerungen der berichtenden Personen.

Im Gegensatz zu dieser differenzierten Betrachtungsweise sehen die meisten Westdeutschen die DDR häufig nur als Unrechtsstaat, da oft lediglich über die doch recht willkürlich erscheinende Herrschaft gesprochen wird, und somit das Alltagsleben der „normalen" Bürger, das sich größtenteils wohl gut mit dem der Bürger in der BRD vergleichen ließe, komplett vernachlässigt wird.

In der Unterhaltungsliteratur sind Geschichten, die in der DDR spielen, ein beliebtes und ebenso weitgefächertes Thema.

Eugen Ruges Roman „In Zeiten des abnehmenden Lichts", für den er den Deutschen Buchpreis, Aspekte-Literaturpreis und Alfred-Döblin-Preis erhielt, beschreibt ein weites Panorama einer Familie, deren verschiedene Generationen den Weg von vollster Unterstützung der Partei und des Staates bis hin zur Flucht in den Westen gehen. Dies bietet eine Vielzahl an Darstellungsmöglichkeiten, die im Folgenden mit Ausführungen der Fachliteratur verglichen und auf ihre Plausibilität geprüft werden, wobei der Schwerpunkt des ersten Teils auf ausgewählten Themen, der des zweiten Teils auf dem vermittelten Gesamtbild von Herrschaft und Alltag liegt.

I. Vergleich ausgewählter Themen mit Darstellungen in der Fachliteratur

1. Auswertung einzelner Aspekte in Bezug auf der Leben in und mit der Partei

Vorkommen und Art der Parteiausschlussverfahren

Nachdem Kurt, der als Historiker an der Deutschen Akademie der Wissenschaften zu Berlin tätig ist, von dem Institutionsdirektor über das Verfahren gegen Paul Rohde, einen Mitarbeiter aus seiner Arbeitsgruppe, informiert wurde, bricht er am nächsten Tag auf, um an der einberufenen Parteiversammlung teilzunehmen. Das Verfahren gegen Rohde wurde eingeleitet, da dieser in der Zeitschrift für Geschichtswissenschaften das Buch eines westdeutschen Kollegen zum Thema Einheitsfrontpolitik besprochen hatte und diesem Kollegen eine persönliche Rezension, in der er sich für die negative Kritik entschuldigt, das Buch vermeintlich im Namen seiner Kollegen lobt und anmerkt, dass die DDR in Bezug auf offene Diskussionen zu diesem Thema noch nicht bereit wäre, geschickt hatte. Die Versammlung wird von ihrem Präsidium, bestehend aus dem Institutionsdirektor und einem Vertreter aus der Abteilung Wissenschaft des Zentralkomitees der SED, eröffnet. Nach der Eröffnung präsentiert Rohde seine zuvor auswendig gelernte, abgesprochene und klar gegen ihn sprechende Selbstkritik, gefolgt von ebenso „spontanen" Stellungnahmen verschiedener Kollegen. Nach diesen Stellungnahmen findet eine offene Abstimmung über den Parteiausschluss Rohdes statt.[1]
Im Folgenden wird nun überprüft, inwiefern diese Darstellung zutreffend ist.

Parteiausschlussverfahren und Parteiausschlüsse als deren Folgen waren unter anderem in der DDR eine Bestrafung bei Verstoß gegen die Parteidisziplin und annähernd an der Tagesordnung. Die Parteiordnung der SED richtete sich dabei nach den Ordnungsprinzipien des demokratischen Zentralismus, die 1976 in Ziffer 23 des SED-Statuts folgendermaßen beschrieben werden:
„Der Organisationsaufbau der Partei beruht auf dem Prinzip des Demokratischen Zentralismus. Dieser Grundsatz besagt:

a) daß alle Parteiorgane von unten bis oben demokratisch gewählt werden;

b) daß die gewählten Parteiorgane zur regelmäßigen Berichterstattung über ihre Tätigkeit vor den Organisationen verpflichtet sind, durch die sie gewählt wurden;

---

[1] Vgl. Ruge, Eugen: In Zeiten des abnehmenden Lichts. Reinbek 2011. S.170 f. & S.177 ff.

c) daß alle Beschlüsse der höheren Parteiorgane für die nachgeordneten Organe verbindlich sind, straffe Parteidisziplin zu üben ist und die Minderheit sowie der Einzelne sich den Beschlüssen der Mehrheit diszipliniert unterordnet." [2]

Es gab sogar eine eigene Kommission zur Überprüfung der politisch-ideologischen Zuverlässigkeit der Mitglieder.[3] Bei diesen Versammlungen waren verhältnismäßig viele Genossen anwesend und der Angeklagte hatte die Möglichkeit sich zu den ihm vorgeworfenen Ereignissen zu äußern. Auch die anderen Anwesenden hatten die Gelegenheit ihre Meinung einzubringen und es fand eine Abstimmung über den Verbleib oder Ausschluss des Angeklagten statt.[4]

Die Einzelheiten über die eigenen Aussagen der Angeklagten in Roman und Artikel sind nicht deckend. In Ruges Roman wird die Selbstkritik Rohdes als abgesprochen und einstudiert beschrieben, in Havemanns persönlicher Schilderung hingegen glich seine Aussage nicht einer negative Selbsterkenntnis, sondern eher einer Verteidigung, was allerdings am Ergebnis der darauf folgenden Abstimmung nichts ändert. Die im Roman geschilderte Selbstkritik war in der Sowjetunion allerdings eine tief verwurzelte Tradition, die ihren Ursprung in der durch Lenin und Stalin geprägten KPdSU hat und später auch von der SED übernommen wurde. Bei diesem Ritual ging es in erster Linie nicht um die Wahrheit, sondern um die Durchsetzung von Machtpositionen und die gegenseitige Kontrolle von Parteimitgliedern. Seit der ersten Entstalinisierungswelle verlor die Selbstkritik zwar an Härte und Bedeutung, blieb aber bis zur Selbstauflösung der SED erhalten.[5]

Trotz dieses Unterschieds erscheint die Darstellung des Romans weitgehend zutreffend, da es von Fall zu Fall und aufgrund der Ursachen verschiedener Ausschlussverfahren wahrscheinlich immer leichte Abweichungen und somit nicht *das* Parteiausschlussverfahren gab.

---

[2] Zitiert nach Marxen, Klaus/ Werle, Gerhard/ Rummler, Toralf/ Schäfter, Petra: Strafjustiz und DDR-Unrecht: Gewalttaten an der deutsch-deutschen Grenze. Walter de Gruyter 2002. S.655
[3] Vgl. Schröder, Klaus: Der SED-Staat. S.100
[4] Vgl. Der Spiegel, Ausgabe 41/1970: Sie sind entlassen, Genosse – Erinnerungen des Ost-Berliner Marxisten Robert Havemann. http://www.spiegel.de/spiegel/print/d-43800942.html (zuletzt aufgerufen: 05.10.2012)
[5] Vgl. Kritik und Selbstkritik. http://www.jugendopposition.de/index.php?id=4989 (zuletzt aufgerufen: 15.10.2012; Ausdruck siehe Anhang)

Häufigkeit der Ordensverleihung

An seinem 90. Geburtstag bekommt Wilhelm den Vaterländischen Verdienstorden in Gold verliehen.[6] Bei dieser Verleihung hält ein Stellvertreter des Bezirkssekretärs eine Rede über Wilhelms Leben und übergibt ihm anschließend den Orden. Wilhelms Aussage, er habe genug Blech im Karton, lässt darauf schließen, dass Ordensverleihungen dieser Art oft stattfanden.[7] Ebenso wird bereits vorher erwähnt, dass Wilhelm jedes Jahr irgendeinen Orden verliehen bekommt.[8]
Nun stellt sich die Frage, inwiefern diese Darstellung realistisch ist.

Ab dem 7. Oktober 1949 gab es in der DDR ein eigenständiges Auszeichnungs-system, das sich an dem der Sowjetunion orientierte und nahezu alle Lebensbereiche abdeckte. Des Weiteren gab es eine Anzahl Nichtstaatlicher Auszeichnungen von Parteien, Betrieben und Organisationen.[9]
Die DDR verbrauchte rund 3,8 Zentner Metall zur Herstellung verschiedener Medaillen und Orden. Des Weiteren gab es zahlreiche Nichtmetall-Auszeichnungen. Jeder fünfte der ca. 8 Millionen erwerbstätigen DDR-Bürger war im Besitz einer dieser Auszeichnungen.[10]

Die Darstellung des Romans bezüglich der Häufigkeit dieser Verleihungen ist also als weitgehend realistisch einzuschätzen.

2. Betrachtung einzelner Punkte im Alltagsleben

Besiedlung von Altbauwohnungen

Kurt besucht seinen Sohn Alexander in dessen Wohnung. Bereits von außen erscheint ihm das Haus unbewohnt und ruinös. Als er Alexanders leere Wohnung vorfindet, fragt er ihn, ob er eine Zuweisung bekommen hat. Alexander schüttelt den Kopf und erwidert daraufhin, er habe ein neues Schloss eingesetzt, da die Wohnung

---

[6] Vgl. Ruge, Eugen: In Zeiten des abnehmenden Lichts. Reinbek 2011. S.143; S. 285
[7] Vgl. ebd. S.205 f.
[8] Vgl. ebd. S.57
[9] Vgl. Kirchner, Heinz; Thiemann, Hermann-Wilhelm; Laitenberger, Birgit; Bickenback, Dorothea; Bassier, Maria: Deutsche Orden und Ehrenzeichen. Carl Heymanns Verlag 2005. S.26
[10] Vgl. Der Spiegel, Ausgabe 9/1960: Orden. http://www.spiegel.de/spiegel/print/d-43063397.html (zuletzt
aufgerufen: 05.10.2012)

sowieso leersteht und Melitta, seine Frau, von der er getrennt lebt, in der ehemaligen gemeinsamen Wohnung geblieben ist.[11]

Wurden in der DDR tatsächlich verfallene Altbauten besiedelt?

Wohnungsprobleme waren in der DDR ein ständig präsentes Thema. Obwohl der Wohnungsbestand in den achtziger Jahren eine beachtliche Vergrößerung aufwies, bildeten Schwierigkeiten bei der Wohnungssuche den Normalfall. Auch die Ausstattung dieser Wohnungen war meist mangelhaft.[12] Zwar beschloss die SED bis 1980 über eine halbe Million neue Wohnungen errichten zu lassen, die Finanzierung erwies sich allerdings als schwierig. Die Bereitstellung der dafür benötigten finanziellen Mittel war vom Export der volkseigenen Industrie abhängig, der stark ansteigen müsste. Dies wäre aber nur durch eine Modernisierung der Betriebe möglich gewesen, für die es in der DDR an Devisen mangelte.[13] Allerdings waren die Wohnungsprobleme ebenfalls teilweise künstlich hervorgerufen und werden von Stefan Wolle in „Die heile Welt der Diktatur" als Auswirkungen der „gleiche[n] Kausalkette von sozial motivierten Billigpreisen, Verschwendung, Mangel, Bürokratie, Mißbrauch und Anarchie" beschrieben, wie sie auch „in anderen Sektoren der Volkswirtschaft" vorkamen.[14]

Vor allem junge Leute hatten Probleme eine Wohnung zu finden, da Familien meist bevorzugt wurden.[15]

Diese Knappheit an Wohnraum führte beispielsweise zu einer Art Wohnungstauschmarkt. Es wurden Wohnungen untereinander, oft auch mit mehreren Partner im sogenannten „Ringtausch"[16], den jeweiligen Bedürfnissen entsprechend getauscht. Eine weitere beliebte Art der Wohnungssuche war es, durch die Städte zu gehen, um leerstehende Wohnungen zu finden und entweder dem Wohnungsamt zu melden, in der Hoffnung eine dieser Wohnungen als „Belohnung" zugewiesen zu bekommen, oder diese selbst zu besetzen.[17]

Die Darstellung des Romans ist als weitgehend zutreffend einzuschätzen, da viele junge Menschen, unter anderem auch in Alexanders Situation, keine oder nur eine geringe Chance hatten eine Wohnung zugeteilt zu bekommen. Somit bot die Besiedelung verfallener Altbauwohnungen eine gute Alternative Wohnraum zu finden.

---

[11] Vgl. Ruge, Eugen: In Zeiten des abnehmenden Lichts. Reinbek 2011. S. 290 ff.; S.296
[12] Vgl. Wolle, Stefan: Die heile Welt der Diktatur. Ch Links Verlag 1999. S.183
[13] Vgl. http://wissen.spiegel.de/wissen/image/show.html?did=40831645&aref=image035/E0525/PPM-SP197704300460066.pdf. S. 54 (zuletzte aufgerufen: 27.10.2012)
[14] Vgl. Wolle, Stefan: Die heile Welt der Diktatur. Ch Links Verlag 1999. S.184
[15] Vgl. Schröder: Der SED-Staat. Bayerische Landeszentrale für politische Bildungsarbeit 1999. S. 578f
[16] Vgl. Wolle, Stefan: Die heile Welt der Diktatur. Ch Links Verlag 1999. S.186
[17] Vgl. ebd. S.186

Tauschhandel

Während Irina am Weihnachtsabend kocht, denkt sie über die Herkunft ihrer Aprikosen nach, welche sie durch eine Vielzahl von Tauschgeschäften erlangte. So beschreibt sie, wie sie von einem befreundeten Leutnant, den Kurt in Slawa kennengelernt hat, ein Paket mit schwarzem russischem Kaviar erhielten. Gegen Zuzahlung dieses Kaviars erhielt Irina Waldenburg-Keramik, das sie gegen Dachfenster tauschte. Ein Teil der Dachfenster wiederum wurde gegen breitere Dachfenster getauscht, die ein Fischer abholte und dafür eine Kiste Aal zurückließ. Diesen Aal verteilte Irina unter verschiedenen Tauschpartnern bzw. Bekannten, von denen sie Zusatzleistungen bekam, beispielsweise dem Fleischer, von dem sie „blinde Pakete" erhielt. Des Weiteren erhielt eine ehemalige Kollegin zwei Aale, für die Irina unter anderem die oben genannten Aprikosen erhielt.[18]

Im Folgenden wird nun überprüft, inwiefern der hier dargestellte Tauschhandel realistisch ist.

Der Alltag in der DDR war geprägt von Versorgungsschwierigkeiten. Ursachen dieser Mangelwirtschaft waren „die überalterte Technologie und die durch sie bedingten hohen Produktionskosten."[19] Dies betraf vor allem Lebensmittel, beispielsweise Reis und Kakaoerzeugnisse, aber auch andere Güter wie Kinderhosen und Dosenöffner. Da diese Versorgungsmängel automatisch die Nachfrage in die Höhe trieben, stiegen viele DDR-Bürger darauf um, nicht das zu kaufen was sie brauchten, sondern das, was verfügbar war.[20] Diese Vorgehensweise wurde auch als SKET-Prinzip (Sehen-Kaufen-Einlagern-Tauschen) bezeichnet.[21] Es wurde solange das eingetauscht was gerade zur Verfügung stand, bei Irina anfangs Kaviar, bis man hatte, was man brauchte.

Auf Grund dieses betriebenen SKET-Prinzips ist der dargestellte Tauschhandel als weitgehend realistisch einzuschätzen.

---

[18] Vgl. Ruge, Eugen: In Zeiten des abnehmenden Lichts. Reinbek 2011. S.242 ff.
[19] Wolle, Stefan: Die heile Welt der Diktatur. Ch Links Verlag 1999. S.193
[20] Vgl. Wolle, Stefan: Die heile Welt der Diktatur. Ch Links Verlag 1999. S.193
[21] Vgl. Schröder: Der SED-Staat. Bayerische Landeszentrale für politische Bildungsarbeit 1999. S.576

3. Analyse des beschriebenen oppositionellen Verhaltens

Rolle der Kirche

Markus und seine Mutter treffen auf dem Weg zu Wilhelms 90. Geburtstag den Pfarrer Klaus, den Markus Mutter später heiratet. Auf Klaus Frage, wohin die beiden unterwegs seien, antwortet sie, dass ihre Mutter Geburtstag hätte. Später fragt Markus nach dem Grund dieser Lüge, zu dem seine Mutter sich allerdings nicht weiter äußert. Stattdessen beantwortet Markus seine Frage in Gedanken selbst. Seiner Meinung nach liegt der Grund der Lüge in der Unvereinbarkeit von Partei und Kirche, wobei er jedoch anmerkt, dass Klaus weder Markus Großmutter noch Wilhelm kennt und somit nicht weiß, dass dieser der Partei treu ist, was die Lüge überflüssig macht. Statt dies anzumerken, fragt er ob Klaus gegen die DDR sei und, als seine Mutter dies verneint, warum er dann Pfarrer sei. Daraufhin spricht seine Mutter die von Klaus organisierten Friedensandachten an, die Markus gedanklich als grausam und rätselhaft beschreibt, da er nicht sieht, wie die DDR durch diese Friedensandachten zu einem besseren Staat werden kann.[22]

Im Folgenden wird nun die Rolle der Kirche in der DDR genauer betrachtet.

Der Grundsatz der Kirche in der DDR lautete: „Wir wollen nicht Kirche neben, gegen, sondern Kirche im Sozialismus sein."[23] Diese Maxime lässt sich auf vier verschiedene Arten interpretieren. Zum einen als Loyalitätsbekundung der Kirche, also als Kapitulation vor dem Staat. Den Gegensatz dazu bildet die Interpretationsvariante des Protests gegen die Unterwerfung unter den Staat. Ein weiterer Ansatz war, dass die Kirche dazu auffordern wollte, den Sozialismus zu unterstützen, wohingegen der vierte eine reine Ortsbeschreibung war. Die Kirchen boten vielen meist regimekritischen Schriftstellern und Künstler einen Zufluchtsort, an dem sie ihre Werke präsentieren konnten, was zum einen mehr, vor allem junge, Menschen in die Gotteshäuser lockte, zum anderen aber auch einige Pfarrer in Bedrängnis brachte, da diese ihre Hauptaufgabe in der Verkündung des Evangeliums und nicht in der Abhaltung politischer Versammlungen sahen. Seitens der Kirche wurde immer wieder betont keine Opposition sein zu wollen.[24]

In den Achtzigerjahren entwickelten sich zunehmend Friedensandachten. In Leipzig arrangierte der Pfarrer Christoph Wonneberger „kirchliche Friedensseminare, in

---

[22] Vgl. Ruge, Eugen: In Zeiten des abnehmenden Lichts. Reinbek 2011. S.273 ff.
[23] Wolle, Stefan: Die heile Welt der Diktatur. Ch Links Verlag 1999. S.250
[24] Vgl. ebd. S.250 f.

denen die Logik des Wettrüstens hinterfragt wurde."[25] Durch diese verschiedenen Aktionen entstand eine Friedensbewegung, deren Symbol der Aufnäher „Schwerter zu Pflugscharen" war.

Diese Friedensbewegung führte in Leipzig dazu, dass immer mehr Ausreisewillige und Oppositionelle die Kirchen besuchten und so kam es Ende der Achtzigerjahre auch des Öfteren zu Demonstrationen.[26]

Diese Demonstrationen kirchlicher Anhänger gegen die SED zeigen, dass Markus mit seinem Gedanken über die Lüge seiner Mutter durchaus Recht haben könnte. Was den Sinn der Friedensandachten angeht, liegt er, zumindest aus der Sicht der Ereignisse in Leipzig, falsch. Man sieht, dass diese Andachten sehr wohl das Potential hatten zu Demonstrationen und somit auch zu einer gesteigerten Aufmerksam zu führen. Allerdings ist es stark zu bezweifeln, dass diese Andachten überall so strukturiert und sinnvoll gestaltet waren wie in Leipzig, wodurch es möglich ist, Markus Bedenken in Bezug auf die Wirksamkeit von Klaus Friedensgebeten, die als Getue und meist mit betrunkenen auf ihrem Grundstück schlafenden Teilnehmer endend beschrieben werden, zu verstehen.[27]

Generationenkonflikt

Betrachtet man die einzelnen Generationen im Roman, fällt schnell auf, dass die Meinungen über die DDR stark variieren. Während Wilhelm bereits 1919 in die Kommunistische Partei eingetreten ist und an seinem 90. Geburtstag den Vaterländischen Verdienstorden in Gold verliehen bekommt,[28] hat sein Sohn Kurt bezüglich einiger Themen eine andere Meinung. Er ist beispielsweise unzufrieden mit der Verlängerung und Verkomplizierung seines Arbeitsweges ausgelöst durch die Mauer. Zu Besprechungen seiner Arbeitsgruppe erscheint er nur wenn unbedingt nötig, was unter anderem an seinem Arbeitsweg liegt.[29] Betrachtet man nun noch Kurts Sohn Alexander, der 1989 noch in den Westen flieht, erkennt man deutlich die Veränderungen der Sicht verschiedener Generationen auf den Staat.[30]
Nun stellt sich die Frage, inwiefern es Generationenkonflikte tatsächlich gab und wie diese sich äußerten.

---

[25] http://www.mdr.de/damals/archiv/artikel90026.html (zuletzt aufgerufen: 28.10.2012)
[26] Vgl. ebd.
[27] Vgl. Ruge, Eugen: In Zeiten des abnehmenden Lichts. Reinbek 2011. S.276
[28] Vgl. ebd. S. 143; S.189; S. 285
[29] Vgl. ebd. S.176 f.
[30] Vgl. ebd. S.75

Generationenkonflikte waren in der DDR ein häufig auftretendes Element.

Die ehemalige Bürgermeisterin von Potsdam Brunhilde Hanke erlebte einen dieser Generationenkonflikte in ihrer Familie. Sie selbst war von 1961-1984 SED-Oberbürgermeisterin von Potsdam, Mitglied im Staatsrat und Volkskammer-abgeordnete. Ihre Tochter Bärbel hingegen, die in Zusammenarbeit mit Uwe-Karsten Heye ihre Familiengeschichte in Form eines Romans veröffentlichte, wurde Ende der Siebzigerjahre bei der Planung eines Fluchtversuchs von der Stasi verhaftet.[31]

Der ausgeprägte Generationenkonflikt in der DDR zeigt sich auch anhand der 68er-Bewegung. Viele Studenten protestieren zu dieser Zeit gegen „starre Strukturen, den Vietnamkrieg, die rigide Sexualmoral und die Nichtaufarbeitung des Nationalsozialismus".[32]

Kurt und Irina sind zwar geschockt als Alexander ihnen telefonisch mitteilt, er sei im Westen, es entsteht allerdings kein Konflikt.[33] Auch die 68er-Bewegung wird im Roman nicht thematisiert, was aber hauptsächlich am Alter der Charaktere liegen könnte. Alexander, von dem eine Teilnahme an Protesten am meisten zu erwarten wäre, war zu diesem Zeitpunkt erst 14 Jahre alt.

Man sieht also, dass Eugen Ruge den Generationenkonflikt der Familie in seinem Roman durchaus plausibel und eher noch harmlos darstellt.

---

[31] Vgl. http://www.praschl.net/index.php?option=com_content&view=article&id=135:potsdams-ex-buergermeisterin-beichtet&catid=1:menschen&Itemid=2 (zuletzt aufgerufen: 28.10.2012; Ausdruck siehe Anhang)
[32] http://www.bpb.de/geschichte/deutsche-geschichte/68er-bewegung/ (zuletzt aufgerufen: 31.10.2012)
[33] Vgl. Ruge, Eugen: In Zeiten des abnehmenden Lichts. Reinbek 2011. S.73 f.

II. Beurteilung des vermittelten Gesamtbildes von Herrschaft und Alltag

Ruges Roman bietet im Allgemeinen ein ausgewogenes Gesamtbild. Sowohl Herrschaftssystem, als auch Alltag werden ausführlich thematisiert. Ein wichtiges Kriterium, das zur dieser Ausgewogenheit beiträgt, ist die Betrachtungsweise der verschiedenen Generationen.

Das Herrschaftssystem wird zum einen durch die zwei Punkte, die bereits auf S.4 ff. dieser Arbeit ausgeführt wurden beschrieben. Sowohl das Parteiausschlussverfahren, als auch die Ordensverleihung zeigen die typischen Vorgehensweisen der SED. Auch Wilhelms und Charlottes Exil in Mexiko spielt bei der Betrachtung des Herrschaftssystems eine Rolle. Beide arbeiteten bei der Demokratischen Post und warteten darauf nach etlichen Anträgen Einreisevisa und Posten im „neuen Staat" [34] zugeteilt zu bekommen.[35] Etliche Male scheiterte die Einreise auf Grund von fehlenden Durchreisevisa oder Geldmangel, „weil andere Genossen wichtiger gewesen waren."[36] Dies zeigt abermals, dass Wilhelm und Charlotte, die älteste Generation der Familie, trotz dieser Schwierigkeiten noch sehr mit dem System sympathisiert haben. Im Gegensatz dazu steht Alexanders Armeezeit. Am siebten Tag beschreibt er eine Geländeübung, die hauptsächlich aus Warten besteht, wobei er an Mick Jagger denkt und sich fragt was dieser gerade tue. Dies führt ihn zu dem Gedanken, dass er die Rolling Stones nie „*live* erleben, niemals [...] Paris oder Rom oder Mexiko sehen, niemals Woodstock, noch nicht einmal Westberlin [...]"[37] sehen würde, da zwischen der „kleinen, engen Welt, in der er sein Leben würde verbringen müssen, und der anderen, der großen, weiten Welt, in der das große, das wahre Leben stattfand [...] eine Grenze verlief, die er [...] demnächst auch noch *bewachen* sollte."[38]

Man sieht also, dass das Herrschaftssystem der DDR aus verschiedenen Bereichen und Perspektiven betrachtet wird.

Ebenso verhält es sich mit dem Alltagsleben. Durch Irinas beschriebenen, auf S.8 der Arbeit bereits ausgeführten, Tauschhandel, erhält man einen guten Einblick in die damalige Mangelwirtschaft und den Umgang damit. Auch die Besetzung der Altbauwohnung, wie sie bei Alexander geschildert wird, zeigt diese Mangelwirtschaft auf.[39]

---

[34] Ruge, Eugen: In Zeiten des abnehmenden Lichts. Reinbek 2011. S.36
[35] Vgl. ebd. S.41
[36] Ruge, Eugen: In Zeiten des abnehmenden Lichts. Reinbek 2011. S.43
[37] Ruge, Eugen: In Zeiten des abnehmenden Lichts. Reinbek 2011. S.212
[38] Ruge, Eugen: In Zeiten des abnehmenden Lichts. Reinbek 2011. S.212
[39] Vgl. S.6 f. dieser Arbeit

Zwar werden bezüglich des Alltags keine Unterschiede in der Betrachtungsweise der verschiedenen Generationen herausgestellt, die beiden erwähnten Aspekte zeigen jedoch das Alltagsleben gut auf.

Die einzigen Punkte, die die Opposition beschreiben, sind die Rolle der Kirche [40] und der generell zur Betrachtung der Ausgewogenheit hinzugezogene Generationen-konflikt.

Abgesehen vom oppositionellen Verhalten, werden also die Punkte der mehr-dimensionalen Geschichtsbetrachtung ausführlich geschildert, was, zusammen mit den verschiedenen Perspektiven der Generationen, ein ausgewogenes Gesamtbild ergibt.

Abschließendes Fazit

Auch in Ruges Roman wird der im Vorwort beschriebene Zwiespalt nach der Wende deutlich.

Dies wird hauptsächlich im Streit zwischen Kurt und Alexander an Weihnachten 1991 deutlich.

Während Alexander Kurt aufzeigt, dass die DDR pleite gewesen sei, *„sich selbst ausverkauft"*[41] habe und die Meinungsfreiheit in Kurts „Scheißsozialismus"[42] kritisiert, beschuldigt Kurt den Kapitalismus, Schuld am Leid der Welt zu tragen.[43] Aus Kurts Dämonisierung des Kapitalismus und der derzeitigen Demokratie lässt sich eine Verharmlosung des ehemaligen Systems und der Wunsch nach dem Wiedererlang des Sozialismus ableiten. Hier ist es vor allem so, dass die einzelnen Generationen Verharmlosung und Dämonisierung verkörpern.

Wie aus der Betrachtung der einzelnen Aspekte im ersten Teil der Arbeit hervorgeht, wird das Leben in der DDR überwiegend realistisch beschrieben. Des Weiteren bietet Ruges Roman nach der mehrdimensionalen Geschichtsbetrachtung, wie im zweiten Teil der Arbeit geschildert, ein weitgehend ausgewogenes Gesamtbild.

---

[40] Vgl. S.9 f. dieser Arbeit
[41] Ruge, Eugen: In Zeiten des abnehmenden Lichts. Reinbek 2011. S.366
[42] Ruge, Eugen: In Zeiten des abnehmenden Lichts. Reinbek 2011. S.367
[43] Vgl. ebd. S.367 ff.

Anhang

1. Kritik und Selbstkritik: http://www.jugendopposition.de/index.php?id=4989
2. Gerald Praschl:

   http://www.praschl.net/index.php?option=com_content&view=article&id=135:potsd
   ams-ex-buergermeisterin-beichtet&catid=1:menschen&Itemid=2

Kritik und Selbstkritik

Kritik und Selbstkritik ist ein Ritual in kommunistischen Parteien, das seinen Ursprung in der durch Lenin und Stalin geprägten Kommunistischen Partei der Sowjetunion (KPdSU) hat. Seit den frühen 1920er Jahren sind Parteimitglieder (und Kandidaten der Partei, die einen Antrag auf Aufnahme gestellt haben) dazu verpflichtet, sich in Sitzungen ihrer Parteigruppe der Kritik ihrer Genossen zu stellen und selbst eigene Fehler und Vergehen einzugestehen. Das Verfahren soll, so heißt es, die „Reinheit und Einheit der Partei" sicherstellen.

In der Praxis entwickelt es sich zu einem brutalen Instrument parteiinterner Auseinandersetzungen, in denen es nicht um Ehrlichkeit und Wahrheit, sondern um die Durchsetzung von Machtpositionen, die Unterwerfung unter die aktuell jeweils herrschende Parteilinie und die gegenseitige Kontrolle der Parteimitglieder geht. Seinen grauenhaften Höhepunkt erreicht dieses Ritual in den stalinistischen Schauprozessen in der Sowjetunion der 1930 Jahre. Angeklagte Genossen bezichtigen sich schwerer Verstöße gegen die Normen der Partei und gestehen wahrheitswidrig schwerste Verbrechen, obwohl sie mit der Todesstrafe rechnen müssen.

Auch die SED übernimmt ab 1948 mit der Entwicklung zu einer „Partei neuen Typus" dieses Ritual, dem sich die Mitglieder bei den regelmäßigen Parteiüberprüfungen zu unterwerfen haben. Und wie in der Sowjetunion und den nach 1945 gegründeten „Volksdemokratien" des Ostblocks ist es auch in der DDR ein fester Bestandteil der in den 1950er Jahren geführten Schauprozesse gegen SED-Mitglieder.

Seit der ersten Entstalinisierungswelle 1956, ausgelöst durch die Rede des sowjetischen KPdSU-Vorsitzenden Nikita Chrustschow über Stalins Verbrechen, verliert dieses Ritual an Härte, doch in abgeschwächter Form bleiben Kritik und Selbstkritik bis zur Selbstauflösung der SED erhalten.

Literatur:
Arthur Köstler, Sonnenfinsternis, Zürich 1946 (Erstausgabe).
Manès Sperber, Wie eine Träne im Ozean, Köln/Berlin 1961 (deutsche Erstausgabe).
Wolfgang Leonhard, Die Revolution entläßt ihre Kinder, Köln 1955 (Erstausgabe).

Potsdams Ex-Bürgermeisterin beichtet: »Ich habe an die DDR geglaubt bis die Stasi meine eigene Tochter holte«

Geschrieben von: Gerald Praschl

Von Gerald Praschl, erschienen in SUPERillu 18/2010

Brunhilde Hanke, einst Bürgermeisterin von Potsdam, war SED-Funktionärin, ihre Tochter Bärbel wollte in den Westen abhauen. Das hat sie entzweit. Heute wieder versöhnt, wirbt Tochter Bärbel mit einem Buch, das sie zusammen mit dem einstigen Regierungssprecher Uwe-Karsten Heye schrieb, um Verständnis für ihre einst linientreue Mutti. Und erklärt, warum sie den Kommunismus heute für überholt hält.

Es war ein Generationenkonflikt, wie es ihn in vielen DDR-Familien gab. Die Eltern begeistert vom Sozialismus, die eigenen Kinder Rebellen gegen das System. Wie bei den Hankes aus Potsdam. Nach außen hin wirkten sie wie eine sozialistische Musterfamilie. Mutter Brunhilde (heute 80) war Spitzenfunktionärin. Von 1961 bis 1984 SED-Oberbürgermeisterin von Potsdam, Mitglied im Staatsrat und Volkskammerabgeordnete, eine gläubige Parteisoldatin. Aber dann brach diese Fassade zusammen, als Ende der 70er-Jahre ihre Tochter Bärbel von der Stasi dabei erwischt wurde, wie sie mit Freunden die Flucht in den Westen plante.

Der blinde Glaube

Auch wenn es schwer vorstellbar ist: Mutter Brunhilde beteuert bis heute, dass es das erste Mal war, dass sie an ihrer geliebten DDR zweifelte. Die Stasi, die politische Verfolgung Andersdenkender, habe sie bis dahin gar nicht wahrgenommen. Brunhilde Hanke: „Ich wusste, dass es in Bautzen politische Gefangene gab, aber was sich dort genau abspielte, damit hatte ich keine Berührung. Vielleicht kann man sagen, ich war naiv. Stellen Sie sich vor: Ich hatte drei Kinder. Ich war gleichzeitig Oberbürgermeisterin. Das hat mich unerhört viel Kraft gekostet. Irgendwann stößt man da an seine physischen Grenzen. Vielleicht habe ich auch deshalb manches bewusst verdrängt."

Die erste Generation

Brunhilde Hanke, zu Kriegsende 15 Jahre alt, gehört zu einer Generation, von der viele von der Gründung und den Aufbaujahren der DDR begeistert waren. »Wir wollten ein anderes Land«. Der Titel des Buches, das Tochter Bärbel jetzt mit dem »Westler« Uwe-Karsten Heye (dem einstigen Regierungssprecher von

Bundeskanzler Gerhard Schröder) schrieb, wirbt um Verständnis für den aus heutiger Sicht naiven Aufbruchsgeist ihrer Jugend, an den viele in-zwischen Hochbetagte wehmütig zurückdenken. Auch wenn Massenflucht, Volksaufstand, Stasi-Terror und Misswirtschaft damals schon Fragen aufwarfen. Brunhilde Hanke erinnert sich an die 50er-Jahre, als sie an einer Kaderschmiede in Moskau zur Funktionärin ausgebildet wurde: „Wir haben an die Sache fest geglaubt, auch an Stalin. Wir wurden in einem Geist erzogen, in dem Stalin wie ein Gott für uns war. Es war für uns eine furchtbare Enttäuschung, als seine Machenschaften enttarnt wurden."

Der Aufstand

Die erste von vielen Enttäuschungen. Aber erst als sich ihre eigene Tochter Bärbel von dem Staat abwandte, den sie mit aufgebaut hatte, werden diese Zweifel übermächtig. Bärbel erinnert sich: „Für Mutti war das schwer. In ihrem Glauben an das System war sie zwar unerschütterlich. Auf der anderen Seite glaubte sie aber auch nicht, dass ich lüge, als ich ihr erzählte, wie die Stasi mich abgeholt hatte. Dass meine Freunde im Gefängnis sitzen. Und warum wir geplant hatten, in den Westen zu fliehen. Ich wollte einfach freier sein, und das ging bei uns in der DDR nicht. Die DDR war fehlkonstruiert, misstrauisch, kleinkariert, schlampig, dumm, hinterhältig und nachtragend. Ich fühlte mich katastrophal beengt. Unerträglich! Inzwischen war außerdem schon mein halber Freundeskreis in den Westen ausgereist."

Der Bruch

Ihre eigene Tochter will nicht in dem Land leben, das sie mit aufgebaut hat! Daran zerbricht Brunhildes Welt. Wahrscheinlich auch wegen der vielen Zweifel wird sie herzkrank. Zur Kommunalwahl 1984 tritt sie, erst 54 Jahre alt, nicht mehr an. Ehemann Helmut, wie sie einst ein gläubiger Kommunist, verzweifelt, wird psychisch krank. Quälende Jahre, die die Familie fast zerreißen. Während Tochter Bärbel heilfroh ist, als die Mauer fällt und die DDR zugrunde geht, hofft Mutter Brunhilde bis zuletzt, dass es mit Gorbatschows Reformen noch eine Rettung hin zu einer »besseren DDR« gibt. Brunhilde Hanke: „Es hat lange gedauert, bis ich eine kritische Distanz zu dem Land, das ich mitaufgebaut habe, gefunden habe. Ich will und kann aber nicht alles über Bord werfen und bitte dafür um Verständnis."

Es war schließlich ihr Leben.

Literaturverzeichnis

Fachliteratur:

Hölder, E. (1992). *Im Trabi durch die Zeit - 40 Jahre Leben in der DDR.* Metzler-Poeschel.

Kirchner, H., Thiemann, H.-W., Laitenberger, B., Bickenback, D., & Bassier, M. (2005). *Deutsche Orden und Ehrenzeichen.* Carl Heymanns Verlag.

Ruge, E. (2011). *In Zeiten des abnehmenden Lichts.* Reinbek.

Schröder. (1999). *Der SED-Staat.* Bayerische Landeszentrale für politische Bildungsarbeit.

Wolle, S. (1999). *Die heile Welt der Diktatur.* Ch Links Verlag.

Internetseiten:

Der Spiegel. Abgerufen am 5. Oktober 2012 von Ausgabe 41/1970:
http://www.spiegel.de/spiegel/print/d-43800942.html

Der Spiegel Abgerufen am 5. Oktober 2012 von Ausgabe 9/1960:
http://www.spiegel.de/spiegel/print/d-43063397.html

Gerald Praschl. Abgerufen am 28. Oktober 2012 von
http://www.praschl.net/index.php?option=com_content&view=article&id=135:potsdams-ex--buergermeisterin-beichtet&catid=1:menschen&Itemid=2

Jugendopposition. Abgerufen am 5. Oktober 2012 von Kritik und Selbstkritik:
http://www.jugendopposition.de/index.php?id=4989

MDR. Abgerufen am 28. Oktober 2012 von Damals im Osten:
http://www.mdr.de/damals/archiv/artikel90026.html

Spiegel Wissen. Abgerufen am 27. Oktober 2012 von
http://wissen.spiegel.de/wissen/image/show.html?did=40831645&aref=image035/E0525/PPM-SP197704300460066.pdf